Todos los libros de Linkgua Ediciones cuentan con modelos de Inteligencia Artificial entrenados por hispanistas. Pregúntale al chat de tu libro lo que desees acerca de la obra o su autor/a.

Para ebooks: Accede a nuestro modelo de IA a través de un enlace.

Para libros impresos: Escanea el código QR de la portada con tu dispositivo móvil.

Obtén análisis detallados de nuestros libros, resúmenes, respuestas a tus preguntas y accede a nuestras ediciones críticas generativas para una experiencia de lectura más enriquecedora.
La transparencia y el respeto hacia la autoría de las fuentes utilizadas son distintivos básicos de nuestro proyecto. Por ello, las respuestas ofrecen, mediante un sistema de citas, las fuentes con las que han sido elaboradas.

Miguel Cané

Cartas

Barcelona 2025
Linkgua-ediciones.com

Créditos

Título original: Cartas.

e-mail: info@linkgua.com

Diseño de la colección: Michel Mallard.

ISBN rústica ilustrada: 978-84-9007-142-7.
ISBN tapa dura: 978-84-1126-704-5.
ISBN ebook: 978-84-9897-644-1.

Sumario

Brevísima presentación

La vida

Miguel Cané (1851-1905). Uruguay.

Hijo del doctor Miguel Cané y de Eufemia Casares. A los dos años fue llevado a Buenos Aires y conforme a las leyes votadas tras la caída de Rosas, recibió la ciudadanía argentina. En 1874 ingresó en el partido autonomista y ejerció el periodismo en La Tribuna y en El Nacional, entre cuyos redactores estaba Domingo Faustino Sarmiento. Fue parlamentario desde 1875. Ingresó a la Facultad de Derecho y se graduó de abogado en 1878. Su carrera diplomática empezó en Venezuela y Colombia, después fue embajador en Viena en 1883, en Berlín en 1884 y en Madrid en 1886. A su regreso a Argentina tuvo una actividad política relevante y ocupó el ministerio de relaciones exteriores bajo la presidencia de Luis Sáenz Peña.

Murió en Buenos Aires.

Rada de Montevideo, mayo 16 de 1870. Querida vieja:

Hemos llegado bien, aunque muy mareados por haber tenido una bárbara marejada.

Mañana de madrugada salimos para Río de Janeiro.

Yo no he bajado en Montevideo, por ser casi imposible.

Discúlpame con las personas conocidas y familias amigas, por no haberme despedido.

Después de estar a bordo supe que mi buena Justita con el amigo Dimet habían ido al muelle: dales muchos abrazos.

A Dimet que le tengo que comunicar una idea que nos va a dar pesos.

Fulton Méndez se marea como un buey.

Seguiré todos tus consejos mi vieja querida y creo que pensando en ti y en tu santo cariño, seré muy feliz en Europa.

A Héctor que no se olvide de la carta-orden de los 200 mensuales.

Mis cariños a todos y tú un abrazo de tu hijo
Miguel Cané

¡Hasta Río de Janeiro!

No tengo otro papel que éste de Manuel Augusto.

Río de Janeiro, mayo 22 de 1870. Mi querida madre:

Al lado de una bellísima y fresca cascada, que se derrama preciosa entre las palmas del jardín botánico, hay un montecillo de gruesas cañas en las cuales graba cada viajero, ya su nombre, ya un dulce y querido recuerdo que agita en ese momento su corazón. Más que con mi mano, he grabado allí tu nombre con mi alma, que alberga para ti un inmenso y puro cariño que crece más, si es posible, cuando me faltan tus cariñosos besos.

Hemos llegado al Janeiro admirablemente.

Recuerdo que hace poco te leía un libro sublime que traía esta verdad amarga: «El desterrado en todas partes está solo». El que deja la patria es un desterrado; ¡con cuánto placer, pues, acogeremos todo lo que nos la recuerda!

Todos los de allá, hemos formado una colonia y vivimos juntos en mar y tierra.

Somos: Rufino; mujer e hijos, Manuel Augusto y Carmela, don Juan José, Etelvina y Julio Juan José Méndez, O'Gorman y hermana, don Ricardo O'Shee y señora (que te conoce), Adriano Rossi, Paco Casares, Rodolfo Casares y yo. Ya ves si nos divertiremos en grande.

Hemos visitado el jardín botánico y el público: Es lo más hermoso que se puede soñar, ni los ensueños de la imaginación de mi padre que buscaba un paraíso en la tierra es parecido a la realidad.

Rodeada de montañas de miles de pies de elevación, besando sus pies el tranquilo mar, meciéndose sus palmares al más leve viento, Río de Janeiro parece una creación ajena al universo, un vestigio de la gloria eterna, el canto de Hesíodo, los campos Elíseos de Virgilio... ¡pero qué sabes tú de esto, mi buena vieja! Pero tienes alma grande y claro espíritu y te lo digo con franqueza y con orgullo; si mi padre me dio algo de su poderosa cabeza y viva imaginación, tú me has dado la delicadeza del sentimiento, que dicen revisten las páginas que escribo.

He formado un proyecto; cuando vuelva; te he de traer a admirar estas grandezas.

A mis hermanos, Justa, Dimet y Lola un fuerte abrazo del alma.

A mi tía Anita que he visto el nombre de mi tío Luis grabado en un árbol de un paseo: que apenas lo vea en Londres le devolveré el fuerte abrazo que me dio a la despedida.

A todos los que me quieren mis recuerdos del corazón. Mañana nos embarcamos para Europa.

Adiós, madre cariñosa y santa: si la recompensa que tienen las madres en el mundo es el cariño de los hijos, estás recompensada.

Te escribiré siempre y seguiré tus santos consejos.

Tu hijo

Miguel Cané

Júntame todas las «Tribunas» donde se publique algo mío; incluso la del 17 de mayo/ 70.

Rada de Bahía, mayo 27 de 1870. Mi querida madre:

Acabamos de llegar a Bahía hoy a las 7 de la mañana con toda felicidad. Desde el Janeiro, el mar ha estado tan tranquilo como una vasija de agua. Aunque un poquito mareadas, las mujeres vienen bien. Lo que nos mata es el fastidio. Es horrible un viaje tan largo.

Escríbeme directamente a Inglaterra; si no sabes a qué dirección, manda preguntar a Vicente L. Casares, calle Balcarce 4.

El Manco conmigo como un hermano; es el hombre más caballero que conozco.

Siempre pensando en ti, mi buena vieja. El segundo viaje lo hemos de hacer juntos, te lo prometo.

Dile a Dimet que no le escribo porque estoy medio derretido: la rada de Bahía es algo semejante a un horno hirviendo que te tuesta la carne. ¡Qué calor! Pero que como afortunadamente ustedes gozan allí de una admirable salud y clima, que me escriba él y señora a Londres.

Adiós, mi buena vieja. Dale muchos recuerdos a todos y tú recibe un fuerte abrazo de tu hijo que te quiere con el alma.

Miguel Cané

P. S. A Bernabela dale un abrazo y dile que bien sabe que Manuel es más un hermano que un pariente. Que si viene a Europa, será tal para mí.

Di que me manden los diarios y tú no te olvides de guardarme los que te he dicho.

Si por acaso se ofrece alguna dificultad en lo de las loterías, pide dinero a Pancho Wright o a Ángel Casares y escríbeme inmediatamente, ¿eh?

Adiós, un beso de
Miguel

Lisboa, junio 10 de 1870. Mi querida vieja:

Mañana a las seis de la mañana entraremos a Lisboa, donde, si la cuarentena es corta, nos quedaremos; porque la pobre Pepa viene bastante mal. Desde que salimos de Pernambuco, el viaje vino muy bien hasta San Vicente; luego se descompuso el tiempo y hace siete días que traemos un viento endemoniado que sacude el barco de lo lindo.

Como te digo, Pepa viene bastante mal; yo no me he mareado en todo el camino y el único mal que asedia es un aburrimiento sin límites que a cada momento hace recordar las personas queridas. Por ahora, nuestro itinerario es ir a Inglaterra venir a París a dejar a Pepa, volver a Londres y embarcarnos para Estados Unidos donde estaremos un par de meses.

Creo, mi buena vieja, que no te faltará nada por allá.

Si acaso algo fallase de lo que te he dejado, avísamelo al instante, mi buena madre, y no creas que será un sacrificio para mí el darte lo que necesites; entretanto, pide a Pancho Wright.

La Europa atrae, llama; parece al principio que ese sentimiento de curiosidad natural, acallará los demás.

¡Cuán incierto es! A cada momento se echan de menos las caricias de la madre, el cariño de los amigos y esas dulcísimas simpatías que tú sabes que en mi corazón solo tienen la estabilidad de un sueño pasajero.

Solo, mi vieja querida, uno se hace más hombre.

En medio del océano, uno nota su propia pequeñez, pero al mismo tiempo se revela con fuerza la individualidad intelectual.

Lejos de los dulcísimos y misteriosos cuidados de la madre, esas debilidades del hijo de familia desaparecen para fortalecer los instintos viriles y enérgicos.

Pierde cuidado; he aprendido a moderar mi carácter, que por lo demás, solo es irritable cuando hay motivo; voy aprendiendo a guardar lo amargo en lo más hondo del corazón y cubrir el rostro con una dulce sonrisa.

El bueno y querido Manco sigue así así, mareándose un poco y sufriendo con los sufrimientos de la pobre Pepa.

Pronto se acabará esta peregrinación y entraremos a gozar.

Esta carta, mi vieja, es la única que escribo por este paquete. A Dimet y Justa que les escribiré por el otro y que si no te regalan un nieto macho dentro de nueve meses, que son unos animales.

Adiós, mi madre amada. Un fuerte abrazo de tu hijo que te idolatra.

Miguel Cané

A los amigos, recuerdos.

Londres, junio 18 de 1870. Mi vieja querida:

El catorce llegamos a Londres, donde todavía no me he repuesto de las infinitas sensaciones que causa esta inmensa ciudad, con todas sus diversas faces y sus tres millones de habitantes. En todas partes me acuerdo de ti y ahora que completamente feliz, realizo el sueño dorado de mi vida, tu cariñoso recuerdo completa mi felicidad.

Es muy probable que estemos aquí mes y medio o dos meses, pasando luego a París.

¿Qué dices mi vieja? ¿No es cierto que sientes íntima satisfacción al verme, al lado del buen Rufino, nutrir mi espíritu con el espectáculo de todas las grandezas de la tierra? ¡Ah! Este pueblo es inmenso, infinito; tú no sabes dónde te encuentras, ni qué camino tomas. ¡Cuántas veces, solo mi alma, para recogerme dentro mi pensamiento íntimo, me he lanzado a la calle y me he perdido en Oxford Street o Regent's Street y en vano he luchado por dar con mi camino! ¡Nada, imposible! Londres no tiene la regularidad de construcción de Buenos Aires y se compone de callejuelas entrecortadas que no te dan señas de ninguna especie. Entonces se toma un cab, que es un tilbury, cuyo cochero va sentado allá atrás en la tolda, manejando desde ahí el caballo.

¿Te acuerdas cómo llorabas cuando leías la vida de Ana Bolena y Catalina Howard, las dos mujeres de Enrique VIII que fueron decapitadas? En la torre de Londres he puesto mi cabeza sobre el tajo en que las colocaron ellas; he visto la cama en que murió Napoleón I y la. cuchilla de María Antonieta, etc. Ya ves mi vieja si para un espíritu como el mío, hay cosas en qué extasiarme. Ésta la vida de un sueño. Aquí es uno infinitamente pequeño, gota de agua en el océano, grano de arena en las playas.

Los treinta días de travesía, las penurias de un viaje, todo se olvida, todo recuerdo amargo se disipa a la intensa luz de lo que se ve aquí. Es un ruido espantoso que a la noche te zumba en los oídos y sin el cual, ya más acostumbrado, no podrías vivir.

Esta carta mi buena y querida madre, te la escribo a ti y al nuevo casal. No puedo escribir más porque estoy aturdido, todo cambiado. A Dimet que dispense, pero que no puedo. Conque no escribo correspondencia todavía.

Todos tus consejos los sigo estrictamente y el cariño que te tengo es lo que más me impulsa a seguirlos.

Adiós, pues, mi buena vieja; escríbeme largo y claro que las cartas a estas distancias son un tesoro inapreciable.

Recibe en un fuerte abrazo el alma de tu hijo que te adora.

Miguel Cané

Londres, junio 22 de 1870. Mi madre adorada:

Antes de ayer te escribí largo; hoy escribo una larga correspondencia que más que para el público, es para ti, ¡mi madre amada!

En ella encuentras mis impresiones, mi vida aquí.

Pero en todas partes, créeme que tu recuerdo me acompaña.

A la noche, al besar la cruz que pusiste sobre mi pecho, pienso en ti continuamente.

Dice el Manco que no escribirá hasta que yo no le dé motivo: Es una manera de decirte que no escribirá nunca.

En el próximo paquete te escribiré largo.

Adiós, te adora

Miguel

Tus cartas para mí entrégaselas a Pancho Wright.

Londres, julio 1° de 1870.

Mi madre adorada:

El 28 de junio recibí tu carta fecha 29 de mayo. Tú eres la única persona que me ha escrito. Cuánta razón tenía el pobre Horacio, cuando decía en sus versos tan dulces:

> ¡Pero una madre no olvida
> porque no puede olvidar!

En medio del bullicio de este mundo nuevo para mí, en el centro de la realidad del dorado ensueño de mi vida; hace falta algo, un poco de cariño, de amistad alrededor: falta el aire de la patria, el acento de las personas queridas. Diles que me escriban; que cada carta es como una ráfaga de aire de esa tierra querida, que viene a mecer dulcemente los recuerdos de mi alma. Tú no te puedes quejar: desde que salí de Buenos Aires te he escrito siete cartas, sin contar ésta. Escríbeme largo y si no tienes cómo enviar las cartas mándaselas a Angelito. Tu carta la he leído tres o cuatro veces y en este momento, que vuelvo de la ópera, concluyo de leerla de nuevo. ¡Ah, mi vieja! Comprendo ahora la idolatría de mi padre por la Europa y lo que le costaron sus viajes: estúpido el que gasta sus riquezas por allá; si algún día soy rico, y lo seré porque tengo fe y quiero serlo, vendré a disfrutar de mis trabajos aquí. Tú no puedes formarte una idea de lo que es Londres, como no podía formármela yo que bastante he leído. Las costumbres, el modo de ser, la sociedad, la educación, las maneras, las reglas de etiqueta, todo, todo es diferente, contrario. Aquí nadie cede su asiento a una señora en un tren o fiesta; aquí se usa un enorme ramo de flores en el botón del levita; aquí se comen papas y se toma cerveza a toda hora; aquí jamás está una casa particular abierta; aquí se pierde por momentos hasta la conciencia de la individualidad. Pero también aquí se oye a la Patti y a la Nilson cantar como ángeles divinos; aquí tienes infinitos museos de pintura, palacios de cristal, salones que te hacen vivir en los tiempos pasados, como los de Madame Tussaud, flores, mujeres que te divierten solo con mostrarte sus bellos rostros, pero cuya alma yace muerta por el estrépito del gran mundo y cuyos ojos mienten una palabra de amor por un pedazo de oro.

A mí no me gusta el pueblo inglés; es lo más egoísta que te puedes figurar. Aquí, hasta las necesidades más efímeras se compran a peso de oro. Si vas al lugar, hay un hombre que está con un trapo en la mano: lo echas a pasear, pero le das un penique (cuatro reales de allá). Sacas un cigarro en la calle, tienes cinco muchachitos que te rodean con fósforos encendidos; te paras un momento, y hay veinte coches que te invitan a subir.

Aquí todo es así. Como es muy probable que más adelante necesite unos pesos, hazme el servicio de contestar a una carta que te escribirá Pascual Costa, de Montevideo, en la que le incluirás en términos muy amables, una orden para tomar la escritura del terrenito, que está en poder de don Juan Quevedo, autorizándolo para venderlo a cualquier precio. Yo le escribo también a Pascual. Toma lo que necesites y mándame el resto, en una letra sobre cualquier banco o casa de comercio, lo que te enseñará Angelito. Esto, mi buena vieja, hazlo inmediatamente que recibas ésta, porque entonces el dinero me llegará a fines de septiembre, allá por el San Miguel.

A Dimet y a Justa les he escrito en el paquete pasado, adjuntándoles una carta para ti. Es necesario que me escriban ellos o de lo contrario los echaré a pasear; cuando no me dan cariño, no lo mendigo nunca de nadie en el mundo.

Dime a cuál de mis amigos has visto y si alguno de ellos te ha visitado.

Francamente, empiezo a dudar de la amistad a la distancia; ojalá me equivoque.

Dame noticias de Mariano: he sabido que López Jordán sitiaba al Paraná y espero en Dios no le habrá sucedido nada. Dime si Librada salió de cuidado. También háblame de Lola y de Tatita.

No seas tan parca en tus cartas; escríbeme largo. Dime si se te entregan las loterías con exactitud y si te basta eso para tus necesidades. Si por si acaso te cobran una pequeña cuenta que tengo en lo de Lhoner, no la pagues y diles que esperen a que vuelva, que bastante les he dado antes de venirme.

Adiós, mi vieja; recibe un fuerte abrazo de tu hijo que tanto te quiere.

Miguel Cané

Londres, julio 8 de 1870. Mi querida viejita:

Todo el mundo bueno por aquí. Yo, con una buena hermana en Pepa y del Manco no digo nada. ¿Con qué les pagaré este paseíto? No he recibido más que una sola carta tuya. Escríbeme seguido.

¡Esto es magnífico! ¡Cada día encuentro impresiones nuevas, desconocidas! ¡Cuánto daría por tenerte a mi lado y que gozáramos juntos! Es imposible que el corazón solo y aislado llegue a la plenitud de la dicha: ¡necesita expansión, comunicación de alegría y cariño!

Cuando vuelva, hombre completo ya, vamos a ser muy felices, mi madre querida. ¡Qué me importarán los placeres del mundo cuando ya los conozco todos! ¡Tu cariño y tu felicidad serán la obra de mi vida! Ahora mismo estoy rumiando un paseíto a Europa contigo. Dios es grande y dará con qué hacerlo.

Aquí se necesitan muchos pesos para vivir. Repíteselo a Dimet, de quien tampoco he recibido cartas, ni de Justa.

He escrito una larguísima correspondencia y se me va el paquete.

Recibe el alma de tu hijo en un beso de cariño. Recuerdos a todos.

Te quiere tu hijo
Miguel Cané

Londres, julio 12 de 1870. Mi madre adorada:

Como ves no dejo pasar paquete sin escribirte, ¡ojalá los que me quieren por allá hagan otro tanto!

Hace mes y medio que salí de Buenos Aires y solo una cartita tuya he tenido. Y, sin embargo ¡se necesitan tanto las cartas a la distancia!

Por estos mundos, todos buenos. El Manco está en Escocia, trabajando por Méndez. En cuanto vuelva nos iremos a París.

Hoy te mando mi retrato: tus ojos de madre sabrán si está bien o mal. Es el traje inglés, menos el inmenso galerón y la varita.

No te olvides de guardarme los diarios en que sale mi correspondencia y tampoco de hacer respecto a Pascual Costa lo que te encargué: no quiero verme sin dinero por aquí y tampoco quiero pedirle al Manco.

La vida en Europa, cuando hay dinero disponible, es la gloria, nada falta: todo se encuentra, todo nos sale a recibir.

A mi vuelta, cuatro o cinco años de trabajo me permitirán volver a gozar la vida aquí.

Yo no tengo ambiciones de posesión: lo que quiero es gozar y que las tormentas no azoten mi vida.

Tú, la primera y absoluta afección de mi vida, lo que constituye para mí la adoración sobre la tierra, eres sencilla, buena y cariñosa. Tal vez te asustes de mi modo de pensar.

Es muy natural, solo así viviré feliz, siempre solo se entiende, porque eso de mujer no es para mí. Muchas o ninguna.

Ahora, tengo veinte años, una madre que me adora; no me falta de qué vivir y estoy en Europa.

¿Qué más quiero? ¡Gracias a Dios doy y Él me conserve mi madre que adoro!

¡Recuerdos!
Miguel Cané

Londres, julio 19 de 1870. Mi buena y adorada madre:

Cuando recibas (—ésta—) estaré probablemente en París. He recibido la tuya del 14 de junio en la que me das la triste nueva de la muerte de Florencio. ¡Desgraciado! Tremenda cosa es la muerte y borra cuanta mancha hay en la vida. ¡Dios perdone a ese obcecado! Tú puedes figurarte el efecto que ha hecho al Manco la noticia. Es uno de esos hombres todo corazón, sin una gota de hiel en sus venas. Tú bien comprenderás que mi vida con él y la buena Pepa es un camino tranquilo, en el que encuentro cariño a cada paso.

Te escribo largo, porque juzgo que leerás mis cartas como yo las tuyas; de cabo a rabo y varias veces. Escríbeme lo más largo que puedas y háblame de cuanta nimiedad ocurra. ¡Bastantes desengaños voy sufriendo! Ni uno de mis amigos me ha escrito una sola línea, a pesar de que a todos les he mandado mis recuerdos. ¡Qué valen los amigos, qué valen las afecciones de la tierra al lado de ese destello divino, inagotable y purísimo que se llama el amor de madre! Yo tengo orgullo en ser tu hijo, como me enorgullezco de la memoria de mi padre. Eres la mujer más perfecta que he conocido en mi vida. Eres buena, cariñosa, inteligente y se encierra en tu alma ese no sé qué de las grandes criaturas que sufren en silencio las adversidades de la vida y hablan de ventura, mientras beben hiel. Hombre como soy, lejos de ti y conociendo ahora lo que vale ese ser único y divino que nos dio la vida, haría el más grande sacrificio por borrar de mi memoria, no de la tuya que olvida siempre al calor del cariño, cuanto mal rato pudiera haberte hecho pasar con mi conducta o carácter impetuoso. Créeme, mi madre adorada y repite a todo el mundo: ¡Estoy contenta porque Miguel tiene orgullo en ser mi hijo! Una cosa horrible se prepara en Europa; la Francia y la Prusia van a batirse; cada uno de sus ejércitos tiene cerca de un millón de hombres y los fusiles de que están armados tiran veinte tiros por minuto. ¡Comprenderás lo horrible que es todo esto! Entretanto, solo el comercio se acuerda de ello y la gente alegre goza sin cesar. Es indescriptible el modo de ser de esta sociedad europea: no busques afectos aquí. Encuentras goces materiales sin número. Degradación en la mujer, relajación de las ideas más puras del corazón. La impudencia en el vicio llega a una altura fabulosa. ¿Qué quieres? La civilización trae todo esto. En un país en que no conocen la libertad política y religiosa porque no pueden gozarla, buscan libertad en cualquier cosa, la encuentran en el vicio y la abrazan febrilmente, con locura. Como comprenderás no soy yo el que sufre con este exceso de licencia: mi edad, mi ambición de gozar antes que las canas alejen de mi alma las ilusiones, me hacen ver todo esto muy cómodamente. No me horrorizo de ver una mujer que me detenga en media calle y me ofrezca el amor de una noche por una libra esterlina: pero pienso en ti, en mi hermana y en Lola y no puedo comprender que estas mujeres tengan el mismo corazón, los mismos sentimientos. Si aun en nuestro modo de ser de por allá, conservamos algunas ilusiones de la vida, al pisar la Europa van cayendo una a una y disipándose como las gotas de agua que caen sobre una plancha candente. Encuentras aquí costumbres ridículas que no conocemos nosotros, tal vez porque no estamos a la misma altura de progreso y adelanto. ¡El lado negro de la Europa, se parece mucho a las tinieblas, mi madre! Y a pesar de todo: ¡qué hermosa es la vida aquí! Es la verdad de cuanto sueño alimentes. Todo está a tu alcance, todo lo puedes tener sin despegar casi los labios. Si amas la vida tranquila, sin agitaciones, la vida del recuerdo, apártate una legua del corazón de la ciudad y encontrarás quintas bellísimas que te hacen recordar, entre olas de poesía que se desbordan de la imaginación, las moradas de los poetas, con sus frondosos árboles, sus suavísimos murmurios, su apacible y tranquila soledad. Si te inclinas a la vida del estudio, de las artes, de las ciencias, estudias mirando a tu alrededor y ancho campo te ofrecen los museos, las galerías, las universidades y esos grandiosos monumentos del pasado que despiertan en tu alma un sentimiento inefable de respeto y curiosidad. Tú que tanto has leído ¿no recuerdas haber llorado la muerte de aquellas dos inocentes criaturas: los hijos de Eduardo? ¿Qué me dirías si supieras que he estado en el cuarto de la Torre de Londres en que fueron ahogados y que he bajado la escalera por donde precipitaron sus cadáveres? Me he recostado en el lecho de María Estuardo, he tocado la cuchilla de Ana Bolena y Catalina Howard y la guillotina de María Antonieta. ¿Qué sacas con todo esto? Que lo que era para ti una utopía, un sueño, que adornaba a su gusto el espíritu, se convierte en una vulgar materialidad de la vida y va a unirse a ese mundo de recuerdos que forman la religión del pasado. Para los que como yo, encuentran en la música un alimento poderoso del espíritu, vivo aquí en la gloria. La ópera aquí es la perfección: la Patti, esa perfección infinita de la mujer-ángel, es un fenómeno, de esos que raramente se encuentran en la vida. No canta, mi madre: no sé qué misteriosa manera de emitir su voz, larga, húmeda de emoción, fascinadora, te hace creer que es un canto virginal, un destello de las canciones del cielo. Luego, tenores de voz lindísima, barítonos que cantan y no gritan y contraltos que llegan hasta el acorde grave y sonoro de una campana.

He pasado un día entero con mi tío Luis, quien ha merecido bien de nuestra patria por la inteligente e intachable manera con que ha llenado su delicada misión.

Fuimos juntos al teatro y vimos el Rigoletto. Hemos hablado bastante de ustedes. ¡Con qué delicia se recuerdan a la distancia las personas que viven en nuestro corazón! Me dices que Justita será muy feliz con su marido: lo creo firmemente y espero en Dios que así será. Recuerda lo que te encargué: no te mezcles en ninguna de sus pequeñas desavenencias y evita siempre el nombre de suegra, que es horrible para una mujer como tú: quédate con el de madre. Es más dulce. Yo le he escrito a Dimet; no me ha contestado aún: ¿entrará en el número de mis desengaños? Ahora solo creo en ti; he jugueteado tanto con eso que llaman amor, lo he buscado en tantas partes como emoción pasajera de la vida., que ahora me cuesta mucho creer en él, en la plenitud de su carácter purísimo y sagrado. Tengo horror a las cadenas del matrimonio, te lo digo con toda mi ingenuidad. Me parece que solo una... pero son disparates que en vano quiero disipar de mi espíritu. Hay tantas probabilidades de derrota en una batalla, que prefiero no dar la del casorio y conservarme neutral.

¿Conque Librada me ha dado un sobrino? Me dices que le llamarán Jacinto: Dios le dé a esa criatura la inteligencia de mi pobre hermano y lleve con brillantez su nombre.

No te olvides de mi encarguito pasado, referente a Pascual Costa y la venta del terreno en Montevideo. Mira que hay más paquetes en el mes: salen los siguientes días de cada mes: uno el 15, otro el 17, el 25 (vía Pacífico), el 30 el francés y uno que otro sin día fijo. Ya ves que puedes escribirme más seguido. Hazlo siempre, porque me es muy necesario. Ya habrás recibido mi retrato: ¿qué te parece el tipo?

A pesar de lo que me dices, aun no he recibido una palabra de Héctor referente a la letra. Espero que no me la mandará. En fin, a todo es necesario acostumbrarse en la vida. Me alegro infinito de lo que me dices sobre Angelito; ya tenía confianza en él y sabía que era un cumplido caballero. Apenas tenga unos pesillos distraídos, voy a comprarle un regalito.

Apenas tenga Justa un antojo cualquiera, traduce pancita, escríbeme. ¡Déle sobrinos, que lo que es hijos, nequaquam!

En fin mi madre adorada, creo que estarás contenta de esta carta. Aún te escribiría más largo, si no hubiera tenido que escribir una larga correspondencia sobre la guerra, etc.

Adiós, mi madre adorada; quiéreme siempre, que yo te venero y te adoro.

Tu hijo

Miguel Cané

P. S. A Justa, Dimet y Lola mil abrazos. Un beso a Pollito y que estudie mucho, que hemos de sacar de él un hombre completo, que haga la dicha de su buena y querida madre.

Vale

Londres, agosto 1° de 1870. Mi querida vieja:

Un poquito de mal efecto me ha hecho tu carta del 30 de junio, por lo cortita. Perdono esta vez, pero dos no. Cuando todo el mundo se ha olvidado de mí, bien puede mi buena madre acordarse por todos.

Voy perdiendo el cariño a ciertas personas; mejor, así me iré acostumbrando a no ser tan ingenuo.

No me hablas una palabra de tu vida íntima, cómo te has arreglado, cómo vives y ve que eso me interesa un poco. Háblame de todo, que todo quiero saberlo. Todos andamos bien por aquí. Estamos aún en Londres, donde creo permanecerá el Manco hasta que Pepa salga de cuidado. Es imposible decirte el cariño con que me trata la buena Pepa y la amistad franca y profunda que nos une con el Manco. Las criaturas son dóciles y no incomodan absolutamente nada.

Por este paquete he escrito mucho y estoy fatigado: perdona si no soy tan largo como de costumbre.

¿Cómo sigue Lola? Mal efecto le habrá hecho a la pobrecita el funeral unido de Horacio y Florencio: pero considera tú la obligación de los hermanos. Dile a Bernabela que mientras esté en Europa y toda mi vida, seré un hermano mayor de Manuel y que le garanto que pasará vida agradable y más tranquila de lo que ella cree por aquí. Me he convencido que es necesario andar despacio en la senda de la vida y frías reflexiones atemperan el fuego de mis años. Me alegro en el alma que mi buen abuelo siga bien. Dios lo tenga eternamente sobre la tierra.

Adiós mi madre querida.

Recuerdos a todos y un fuerte abrazo de tu hijo

Miguel Cané

P. S. No te olvides mi encargo con Pascual Costa. ¿eh? La quiero mucho.

Londres, agosto 12 de 1870. Mi querida vieja:

Buenos en toda la línea. Yo deseando recibir cartas, pues hace quince días que no tengo de aquellos recuerdos. A Dimet le he escrito ya y no he recibido ninguna de él. Yo debo quejarme y no él.

En fin, el mundo sigue dando vueltas, lo bueno es buscar el equilibrio.

Manuelito me escribió una carta el 24 del pasado de Lisboa, y nada más. Desde entonces, no sabemos ni dónde andan, ni qué hacen, etc. Son muy indolentes.

Muy a menudo me veo con mi tío Luis. Días pasados, el día del santo de Florencio, comí con ellos. Florencito, para aprovechar su estada en Londres, se ha metido en un colegio a estudiar inglés. Yo haría otro tanto si no me hubiera entregado al estudio de la anatomía femenina y a la música.

¡Qué quiere, mi madre! Mi padre no sabía hablar inglés, pero sabía hacer hijos, prueba esta monada que te escribe. A mí, aunque me da un poco por el romanticismo, tengo que dejarme llevar. Cada correspondencia que escribo me deja muerto, por eso no soy larguero. No te olvides de mi asuntito con Costa. Yo tengo esperanzas de ganar dinero con mi carrera en Buenos Aires. ¿Para qué me servirá, pues, la miseria que tengo en la testamentaría?

Si se arregla algo, realízame unos pesos y mándamelos. ¡Qué diablos! ¿Para qué demonios quiero esos puchos más tarde? Ahora vendrían de perilla. En fin, si se puede bien, si no también. Apenas te falte algo a ti, ya sabes: pídele a Pancho Wright, que después arreglaremos con el Manco. No vayas a carecer de nada, porque sería un remordimiento eterno en mi vida.

A Lola mis cariños, y a Pollo hacémele un regalito en mi nombre.

A la amiga Justa que muchas gracias por sus cartas, que me han llegado por vía de la China. Que me alegro que esté tan buena y que le agradezco el párrafo quinto de la segunda foja en el que me pregunta por mi salud. Es una monada de cariño la señora de Dimet. Si eso es amargo, que le eche azúcar.

Adiós, mi madre querida, un abrazo de tu hijo.

Miguel Cané

P. S. No voy a París hasta que se calme. Te mando esos pesos que tenía aquí para el regalito a Pollito.

Vale.

Londres, agosto 19 de 1810. Mi adorada madre:

¿Por qué no me has escrito por el paquete inglés del 15 de julio? ¡Cuánto lo he sentido! Hacía quince días que no recibía carta alguna y todas mis esperanzas se han frustrado. ¿No ves, mi buena viejita, que a tanta distancia uno piensa siempre lo peor y que me he creído estuvieras enferma? No me dejes de escribir. De mí no tienes que quejarte. Dime si mis cartas corresponden o no al cariño de un buen hijo. Esta noche, a las 8 y 45 me embarco para Spa, precioso pueblito de baños en la frontera de Bélgica y Francia. Me voy con don Juan José Méndez, que me ha tomado mucho cariño y quiere que lo acompañe a todas partes. Aunque estoy muy bien de salud, tomaré unos cuantos días de baños en Spa, lo que no me hará poco bien que digamos; de allí, Méndez pasa a Viena, Venecia, Suiza y cae luego en París. Yo sigo de Spa a París, donde he sabido que están Juan Cruz y Manuel, no por ellos que ni nos han escrito ni nos han enviado las cartas, sino por Harbals que me ha escrito una carta muy afectuosa en la que me dice que ha sabido que el niño que conoció en compañía del bueno y malogrado Horacio, se ha convertido en un hombre y en un hombre de provecho. No se me hinche, mi vieja.

¿De Manco, qué te diré? Él y Pepa cada día tienen más cariño hacia mí. El Manco es mi amigo verdadero que me confía todas sus cosas y a quien yo pido consejo hasta para enamorar una de estas mujeres, aunque no he conseguido aún hacerlo pecar. ¡Lo que puede el cariño! ¡Figúrate yo Miguel Cané doblegado como una mujer amante y afectuosa a la más mínima palabra de ese hombre adorable cuyas palabras y actos son cariño y siempre cariño! El Manco emplea a cada momento frases delicadas para ofrecerme dinero y más dinero. Como lo dejo en Londres, donde ha resuelto que para su buena Pepa, una mujer angelical, mi madre, por la bondad de su carácter, que vale más que todas esos plumones de sus concuñadas, excepto mi hermana Lola, como él se queda aquí, repito, me ha querido dar carta blanca para Europa. En fin, es el hombre a quien más amo en el mundo. Digno hermano de mi pobre y querido Horacio, cuyo recuerdo es para mí sagrado.

Feliz cuánto se puede ser, sin faltarme nada, viviendo con un hombre que sabe que yo también lo soy, con amplia libertad, con una madre querida que piensa siempre en mí al otro lado del mar, con una hermana a quien adoro y que sé que es feliz ¿qué más puedo desear? ¿Qué me falta? ¡Oh! que este reflejo de mi situación te haga feliz a ti también mi buena madre.

Esta guerra sigue bárbara como no ha habido otra desde el principio del mundo. En la última batalla quedaron cuarenta mil hombres muertos, tres generales, un príncipe, y tres generales heridos. Es un sacudimiento universal. Si la Francia vence se acaban las guerras; si la Prusia, la era de la barbarie de la edad media empieza y la raza latina, es decir la nuestra, desaparece, ante el empuje de los bárbaros teutones, como desaparece una ciudad ante el desborde del océano. ¡Quiera el cielo proteger las armas de la civilización! Paz en la tumba de los soldados y consuelo al corazón de esas madres desgraciadas.

París está ahora tranquilo y no ofrece peligro la permanencia en él.

Con mi pasaporte en regla, mi baulito y mis esterlinas me largo a visitar las tierras que vio mi padre.

Tengo el presentimiento de que un día las veremos juntos. Dios lo quiera.

¿Todo el mundo bueno por allá? A Mariano que se venga a Buenos Aires no lo vayan a matar las montoneras.

A Justa y Dimet mis recuerdos de hermano así como a mi querida Lolita, a quien todavía la hemos de traer a visitar estos mundos, cuando su hijo sea hombre y la adore como te adora a ti

Miguel Cané

P. S. A Tatita mis cariños y que se mantenga guapo hasta mi vuelta que tengo mucho que contarle.

Adiós

Miguel

Mándame esa carta.

París, agosto 23 de 1870. Mi querida madre:

Te escribo desde París, donde he venido a pasar un mes en compañía de Juan Cruz y Manuelito, habiendo quedado el buen Manco en Londres, hasta que para Pepa. París está tranquilo y me divierto mucho, aunque con moderación, pues sé que necesito la vida para algo más que para gastarla entre mujeres y en orgías. Tu recuerdo es como la cruz que me pusiste sobre el pecho: ¡Jamás se aparta de allí! Te adoro siempre, mi madre. He escrito una larga carta a Dimet en la que le pido un servicio contando contigo. Espero que mi madre me comprenderá y ayudará a Dimet a hacer lo que le encargo. Lo necesito mucho.

No tengo más tiempo. Recuerdos a Lola y un beso de tu hijo que te adora.

Miguel Cané

P. S. A Bernabela que estoy cuidando a Manuel y que no hay cuidado. Que por su parte él me cuida a mí. ¡Conque ya ven!

Bruselas, septiembre 6 de 1870. Mi adorada madre:

Creo que por primera vez desde mi llegada, he dejado pasar uno o dos paquetes sin escribirte. Todo eso tiene su explicación, que voy a darte para que no pienses un instante que me he olvidado un segundo de ti. El 19 del mes pasado le di un par de abrazos al Manco y en vez de irme a Spa con Méndez, como te decía en una anterior, me largué solo a París, donde llegué el 20, encontrando a Juan Cruz, familia y Manuel y tomando una buhardilla en el mismo hotel en que vivían. Los días que pasé en París del 20 al 31 fueron espléndidos, en medio de mujeres, amigas, goces, etc., pero con moderación por pesos y porque creo que en el mundo he de encontrar algo superior a grandes loretas para gastar con ellas mi vida. Pensaba, pues, quedarme en París un mes, pero yo propongo y... los prusianos disponen. La prueba es que derrotan a los franceses y se vienen sobre París, de donde nos apresuramos a temblar todos, de manera que el 1° de septiembre nos recordamos en un tren que nos trajo hasta Bruselas, capital del reino de Bélgica, donde estoy y de donde te escribo esta carta.

Ya ves, mi buena y querida vieja, si en medio de tanto cambio de sitio, movimiento, agitación y no teniendo vapores franceses por que escribir, he encontrádome con impedimentos para hacerlo. No te hablaré particularmente de todo lo que he visto, porque al escribir mis correspondencias lo haré y ésas las escribo para las personas que me quieren y para ti en primera línea y no para la turba de carniceros y tenderos, suscritores de la «Tribuna» que ni saben de lo que se les habla. A pesar de dárseme un bledo de las glorias y ambiciones de todo género en este mundo me he alegrado infinito del buen éxito, de mi primera correspondencia, porque eso te habrá dado un buen rato y yo quisiera hacerte feliz cuanto se puede hacer a una persona en el mundo. Ésa es una de mis ambiciones; la otra es más egoísta si quieres: quiero ser rico para darme buena vida y dársela a los míos.

Piensa un poco en la carta que le he escrito últimamente a Dimet y verás que tengo razón en pedir lo que pido. Una consideración te bastará: con ese dinero seré feliz en Europa. ¿Quieres que sea feliz tu hijo? Si Mariano se opone o algo por el estilo, lo sentiré muchísimo, pero ya basta de embromarse uno por otros. No le debo nada en el mundo y tengo derecho para pedir lo que es mío. ¿Tengo o no tengo algo? ¿Lo necesito o no lo necesito ahora? ¡Sí! Por consiguiente, mandármelo cuanto antes, mi vieja y, santas pascuas.

¡Ni Dimet ni Justa me han escrito una sola línea y hace cuatro meses que he salido de Buenos Aires! ¡Qué tan pronto se olvidan los cariños y las afecciones! Vamos, no lo quiero creer, porque se resiste mi corazón que nunca olvida a los que quiere. En fin, paciencia.

Escríbeme largo y háblame de todo, porque todo me interesa. De cómo vives, dónde pasas el día, qué haces, mi buena madre, tan sola y tan digna de estar rodeada de seres que solo aspiran a tu felicidad. No sé ni una palabra de todo eso: escríbemelo. No me puedo conformar en que solo cada dos meses podamos cambiar una palabra. Es cosa dura.

Recibí tu última carta en París de donde le escribí al Manco una carta diciéndole que me dabas consejos que no fuera tan gastador y que tú lo habías sabido por una broma que había él dirigido sobre eso a mi tía Justa.

Me contestó en una carta de tres pliegos y medio que la guardo como un tesoro para mostrártela cuando te dé un abrazo. Me decía que entre él y yo había el vínculo de una amistad eterna y que era incapaz, queriéndome, como me quería, de escribir a Buenos Aires cosas que no me hubiera dicho antes en mi cara. Que su fortuna estaba a mi disposición... en fin, es un hombre que adoro, mi madre.

Manuelito sigue bien y anda conmigo como hermano. En París tuvo la suerte de hacer relación con una marquesa; verdad es que yo me pité una condesa preciosa y sin gastar más dinero que un palco en la ópera. No habíamos sido muy desgraciados que digamos. En cuanto a lo de gastador, es verdad; lo soy y en grande escala. Gastando gozo; ahorrando o privándome de algo, me martirizo. Entre martirio o placer ¿qué escoger? Cuando se acabe lo que venga, pues lo que hay aquí anda tecleando ya, proa a Buenos Aires, para dar mil abrazos a mi Dios en la tierra, que es mi madre.

Miguel Cané

Spa, septiembre 12 de 1870. Mi querida madre:

Te escribo desde este precioso pueblito de baños, situado al pie de pintorescas montañas y rodeado de todos los atractivos de la naturaleza y del mundo sensual.

El pueblo se compone de dos docenas de casas, de las cuales doce son hoteles de primer orden. Hay también un enorme edificio con salones de juego, de lectura, de bailes, de conciertos, etc. Aquí es la única parte de Europa donde he visto mujeres decentes. Parece broma, mi vieja; pero es verosímil. Solo una que otra vez en el teatro ves lo que llamamos niñas, hijas de familia: esto te hace perder en gran parte el respeto por la mujer y aun el cariño. Tanto putón degradado, tanta criatura abyecta que te cerca constantemente ¡oh! me hace una impresión moral tan profunda, que cuando pienso en ti, en justa o Lola, dudo que sean del mismo sexo, de la misma carne de estas infelices...

Aquí, como te digo, es un centro de reunión de familias extranjeras que vienen a tomar aire y agua. Se baila, se canta y sobre todo: ¡se juega! La ruleta, el 30 y 40, éstos son los reyes de aquella mansión. Todo el mundo juega: yo también he jugado y he ganado y he perdido y viceversa. Como no tengo mucho que jugar, tengo poco que perder.

El 15 me voy a Inglaterra a unirme con el Manco, a cuyo lado no me falta nada. Los pesos que traía están en mala posición, es decir, que no sé dónde están ya, pues han desaparecido de mi bolsillo. Esto quiere decir, que no tienes que apesadumbrarte ni ponerte triste, pues no me falta absolutamente nada, pero mejor sería que me sobraran. Quiero, pues, que me apures a Dimet, que concluya el negocio y me mande el dinero, en una letra, si quiere, contra la casa de C. T.

Getting, 2, Gresham Place, Lombard Street, E. C. London, donde deberás seguir dirigiéndome tus cartas.

Me escribes muy de rato en rato y confieso que cada carta que me mandas es contestación a tres o cuatro mías. Esto no es bueno y espero no se repita. Ya que los amigos no escriben, tú, que eres mi mejor amigo en el mundo, debes hacerme reconciliar con el sentimiento de la amistad, del que ya me voy burlando, como me burlo del amor, de la gloria, de las abnegaciones personales y de toda clase de afectos sinceros.

A los veinte años de edad, en la época de la vida en que el hombre cree en todo, yo no creo más que en dos cosas: en Dios y en ti. ¿Será que he vivido demasiado para mi edad o será que mi naturaleza me impulsa a pensar así? Yo, ser inteligente, sensible, hombre, en fin y por consiguiente susceptible de ambiciones y amores, no siento aún nada de eso. Cada día que paso en Europa, que observo y reflexiono más y más, es mayor mi desencanto, mi decepción. Cuando quiero dar quehacer a mi alma, encuentro un vacío tan inmenso a mi alrededor, que tengo que refugiarme en la dulce soledad del recuerdo y lanzar mi corazón al seno de mi patria querida. ¿Te ríes o sufres leyendo esto, mi vieja? No quisiera que sucediera ninguna de las dos cosas, debes estudiarme en mis cartas y conocerme más aún de lo que me conoces, si es posible. El hombre varía mucho, mi madre querida: yo no soy el mismo de ahora dos años, como no me parecía entonces al estudiante colegial. Cada uno es como Dios lo ha hecho; y es tan infinito el mundo, tan rico y pródigo en emociones, que es la base de la felicidad humana, que cualquiera, sea cual sea el carácter con que Dios lo dotara, puede encontrar en él esa dicha, para tantos ilusoria y para tan pocos real. ¿Te confunde mi lenguaje y no lo comprendes bien? Tienes derecho, porque yo no debía hablarte sino de cariño, de esperanzas, de ilusiones. Pero eres demasiado inteligente, demasiado madre para que te contentes con esas nimiedades superficiales. Tú sabes una cosa: que te adoro sobre todas las cosas en el mundo. Eso te basta.

Adiós, madre adorada; abrázame a los que dicen que me quieren y me olvidan y recibe un beso que estampo en esta carta para ti.

Miguel Cané

Londres, septiembre 28 de 1870. Madre de mi alma:

De vuelta del continente, recibí en Londres tu carta fecha 13 de agosto ppdo. habiendo recibido en Spa las del 1° y 9 del mismo mes. Escríbeme siempre así, pero... un poquito más clarito, *s'il vous plaît*. Parece que no hacernos adelantos en los perfiles de las letras, mi vieja. Tus cartas, que tan bien retratan tu inmenso cariño y tu corazón de oro, vienen a completar el cuadro de mi felicidad por aquí; hay, sin embargo, un pequeño vacío, que espero que cuando recibas ésta, estará lleno con la remesa que aguardo del amigo Dimet. La carta de Justa me ha hecho pasar un delicioso rato; no te puedes figurar cómo quiero a esa criatura de carácter tan frívolo y ligero y de tan buen corazón; su carta, escrita con su graciosa letra y deliciosa ortografía (porque no me den mujeres doctoras) tiene ciertos rasgos chistosísimos. Dile que me siga escribiendo siempre. Que cuando tenga tiempo le voy a escribir largo sobre los deberes de la esposa para con su marido. Yo le he escrito, pero pienso hacerlo muy en breve de nuevo.

La buena y querida Pepa salió de cuidado el 18 de este mes con pasmosa felicidad. Es un machito que no me ha causado asco ninguno, solo porque es hijo del Manco y Pepa.

Es como te decía en otras cartas, la mujer más adorable que puede existir; verdad que con tal marido y tales muchachos ¡tan dóciles y tan obedientes! ¡Qué valor de mujer y qué serenidad! Pobre Justita, ¡cómo sufrirá cuando tenga su primer hijo!

¿Conque gustan mis correspondencias, mi madre adorada? ¿Cómo andará de hinchada cierta vieja querida que yo conozco?

Según Justa, tú se las lees hasta a Pablito y mi vecino el confitero... a propósito, tú nunca supiste cómo hice yo relación, cuando ustedes vivían en Flores, con dicho confitero ¿no es verdad? Como quiero que seas mi mejor amigo en el mundo, a quien contaré todo, te he de narrar más adelante esa escena pastoril.

Lo que me dices del entusiasmo de la parte femenina por mis cartas, me gusta más que si me notificaran que había ganado el premio mayor en el Instituto de Francia, sobre todo si son buenas mozas las entusiastas, como mis vecinitas la Chinita y Rosita. Creo que es inagotable en mí el tesoro de mi afecto a la mujer; ya era tiempo de que se fuera agotando, ¿verdad?

Durante el mes que he andado solo por París, Bruselas y Spa, me he divertido como no tienes una idea, pero... me he fundido. *Siamo podiditi, mia vecchia cara!*

No importa; como tengo esperanza en esa brava remesa del cuñado, estoy tranquilo.

Este invierno es muy probable que haga un viaje a Italia, con o sin el Manco, aunque yo preferiría hacerlo con él, como tú comprendes. Cada día estamos más amigos y lo quiero yo más. Aquí, cuantos lo han tratado lo adoran. Hay hombres que tienen ese privilegio divino; creo que a mí no me falta del todo, pues tengo bastantes personas que me quieren en el mundo.

Veo que por allá se divierte la gente ¡cuánto me alegro! Supongo que tú harás lo mismo, si no fuera así me enojaría de veras. ¡Ve qué coincidencia! Casi con las mismas palabras tuyas, hay un párrafo en una carta que me ha escrito Vicente Casares, pidiéndome no me desencante de la amistad y que si los amigos no me escriben..., etc.

Como comprenderás, tanto en París como en Spa yo y Manuel Láinez hemos andado como hermanos; es un buen muchacho a quien quiero mucho y que se porta bien. Juan Cruz lo quiere también.

He visto que las loterías andaban por suprimirse, dime qué hay de cierto, pues tengo un buen proyecto, con el que no nos faltará nada ni a ti, ni a mí.

¿Conque Ángel Casares se casa o se casó? Es un excelente amigo que merece ser feliz. Dime todo lo que sepas sobre la mujer.

Estoy temiendo encontrar cuando vuelva a todos los amigos casados, pues Carlos Castro me escribe que se va a hacer presentar por Héctor en lo de María. ¡Pobre muchacho, qué camote! Comprendo que se quiera a una mujer ¡pero tanto tiempo! (Esto no se lo muestres a ninguna pollera ¿eh?)

Dile a mi querida y adorable Natalia, que si algún premio he tenido por mis correspondencias, son sus simpáticas palabras. ¡Ese pillo de Juan que se la llevó cuando era yo tan pollito! No se me hubiera escapado; no hubiera ganado mucho que digamos la pobrecita...

Para el próximo paquete preparo una correspondencia que va a gustar por lo que veo de las demás.

Dámele un abrazo a Lola y a Pollo y dile que siempre pienso en ellos como en un pedazo de mi familia y corazón. De ese Pollo hemos de hacer un hombre digno del talento del padre, yo te garanto.

Adiós, mi madre querida. Si estás convencida que tu hijo te quiere sobre todo lo que hay en el mundo, quiere siempre a

Miguel Cané

Londres, septiembre 28 de 1870. Mi querida vieja:

Todos estamos buenos por acá y yo un poco aburrido en Londres, como me aburro en todas partes del mundo. Estoy por creer que este mundo no ha sido hecho para mí. Dentro de algunos días, así que Pepa y el recién nacido puedan salir, rumbiamos para el continente, en dirección a Italia y España donde tal vez pasemos el invierno. París, que es un sueño, una cosa deliciosa, ha muerto ya; en adelante será imposible encontrar allí aquella vida especial, magnífica. Creo, no obstante, que cuando me encuentre en Italia y ande de Roma a Florencia, de Turín a Venecia y de Milán a Nápoles, no ha de faltar a mi espíritu algo en qué solazarse. Apenas reciba los fondos de la testamentaría que debe mandarme Dimet, empezaré esos viajes deleitables. Tengo la confianza que ésos vendrán ya en viaje. No pudiendo cobrar mis mensualidades de la «Tribuna» por estar cerrado París, me vendrán muy bien los famosos grullos. Dime si te falta algo a ti, para echar mano del famoso proyecto.

No te escribo más largo, porque estoy concluyendo mis correspondencias, pues ahí van dos.

Dile a Justa que me escriba, lo mismo que a Lola y Pollito, pues creo que el último ya será un letrado.

Adiós, mi vieja adorada. Recibe un beso de tu hijo que te adora.

Miguel Cané

Londres, octubre 1° de 1870. Querida madre:

¿Por qué no me has escrito en el paquete del 30 de agosto? ¿No comprendes la ansiedad con que espero tus cartas? ¿Sabes cuántas ha recibido mi tío Luis en el pasado mes de agosto? ¡Siete! ¡Nada menos que siete! ¿Y yo? ¡Dos! ¿Por qué no me escribes lo mismo que lo hace Anita con su marido? ¿Me quieres menos?

Vamos, mi vieja, escríbeme siempre y seguido. Yo esperaba por este paquete los pesos de Montevideo, que me hacen falta y ni una carta tuya recibo. Yo sigo bien y esperamos irnos de aquí el 15 de este mes. Dile a Dimet, a quien escribo, que me mande cuanto antes el dinero que le he mandado pedir.

Esto de no recibir cartas me ha puesto de muy mal humor y creo que es la primera vez que me sucede desde que estoy en Europa, pues con los años estoy notando un cambio radical en mi modo de ser. Parece que aquella efervescencia impetuosa va desapareciendo. Sin embargo si lo hubiera tenido a Héctor a tiro ayer, cuando recibí los diarios y vi que le había falsificado la firma a Rufino y que decía que yo me abría al teatro de la guerra, etc., te aseguro que le rompo el alma. Es el canalla más egoísta que conozco. Le supliqué que no me firmara mis correspondencias con mi nombre, porque no me convenía, que pusiera Daniel y hace su capricho. Adiós mi madre adorada; recuerdos a todos los que me quieren y tú un abrazo de tu hijo que te adora y que nunca puede resentirse contigo.

Miguel Cané

P.S. No sabemos ni jota si ha llegado y dónde anda Mariano Varela. Si han enviado cartas por él, es una estupidez.

Londres, octubre 12 de 1870. Mi querida madre

Te escribo de prisa esta cartita solo por que no creas te olvido un solo momento.
Todos por aquí buenos y próximos a irnos a Bélgica.

Esta carta te la escribo en el escritorio del señor Getting, en la City por cuya puerta pasan lo menos veinte mil coches por día y un millón y medio de hombres.

¿Qué te parece?

Hazme el servicio de avisarme cuándo cae el carnaval del 71.

Diles a todos cualquier barbaridad en forma de recuerdo, apúrame a Dimet y tú recibe un beso de tu hijo.

Miguel Cané

P.S. A Justa dile que al salir de un hermoso baile de máscaras, en buena compañía naturalmente, me atajó una gitana y me predijo que una persona muy allegada se iba a convertir en coneja. Figúrate 22 sobrinos de una parición.

Londres, octubre 19 de 1870. Señora Eufemia C. de Cané. Buenos Aires

Mi vieja adorada:
No he recibido cartas tuyas en este paquete, ni Rufino de su familia, lo que nos tiene con cuidado.

Escriba, no sea haragana y no entregue las cartas a nadie; póngalas usted misma en el correo y *Laus deus*.

Todos buenos por aquí y yo esperando el parto del cuñado en el asunto aquel tan esperado.

Se me va el paquete y no tengo tiempo para más.

Un beso a Justa y Lola.

Recuerdos a Dimet.

Te adora

Miguel Cané

Londres, octubre 28 de 1870. Mi adorada madre:

Dos días después de llegar el paquete pasado, es decir del 15, recibí carta tuya, cuando ya te había escrito que no había recibido. Sin duda se te habrá quedado, por echarla tarde. Cuidadito con hacerme pasar esos sustos otra vez ¿entiende? ¡Pues no es nada no recibir cartas de una viejita a quien uno quiere más que a su vida!

¿Y qué tal? ¿Cómo vamos por allá? No me has dicho si encontraste casa, o si sigues viviendo con Dimet. Escríbeme al respecto, porque quiero saber día por día lo que haces.

Según Pepa, hemos cambiado mucho en carácter y otras cosas, mi vieja. No sé lo que pueda haber de exacto en ello; pero la verdad del caso es ésta; me ha sucedido mil veces vestirme de etiqueta para bailes, comidas, teatros, banquetes, partis carrés (dile a Dimet que te explique lo último) y luego de vestidito y todo... me he apercibido que un infame botón, siguiendo las punibles vías de sus antecesores de Buenos Aires ¡había juzgado digno tomar las de villadiego! ¡Ahí vieras a tu apreciable hijo Miguel, con su frac calado [roto en el original] a un botón de la camisa, a las doce d ... [roto en el original], cantando alegremente una brava *chansonette*! *Such is life, my dear mother*: Por lo que no paso todavía es que me pisen los botines al lado de la cama, por cuyo crimen medio me despaleté un mozo en París, aunque ganó en francos lo perdido en dignidad por los golpes. Tampoco me saquen los pantalones; piernas para arriba. Las inglesas son muy hábiles para eso.

¡Te sacan la camiseta sin tocarte la camisa!

En fin mi cara vieja, escríbeme en seguida, recuerdos a los hermanos y un abrazo estrecho de tu hijo que te adora.

Miguel Cané

P.S. Aunque ande por el infierno, cartas y todo a C. F. Getting.

Place, Lombard Street

E. C.

Londres, noviembre 8 de 1870. Señora Eufemia C. de Cané. Buenos Aires

Buena y querida vieja:
Contra todas mis indicaciones, me has escrito a París, no pudiendo por consiguiente, recibir mis cartas, que ni llegan a su destino ni a mis manos. ¡A lo de Getting, aunque esté en Rusia, mi vieja!

Antes de recibir tu carta en la que me indicabas escribiera algo a Dimet para el «Nacional», ya lo había hecho, no como corresponsal, aunque puedo serlo de quien se me antoje, pues «La Tribuna» ni nadie en el mundo es capaz de comprar mi espíritu. Si «La Tribuna» quisiera imponerme algo al respecto, con echarla donde tengo costumbre de enviar al que me incomoda o pretende hacerlo, quedaba todo arreglado. Por razones que he dado a Dimet, no quiero ser corresponsal del «Nacional» y me conformo con enviarle sencillas cartas, que una madre buena y cariñosa ha juzgado de antemano con el corazón, llamándolas poemas. Si poemas se forman en mi espíritu, es únicamente cuando pienso en ti, mi vieja adorada.

Mando también una correspondencia para «La Tribuna»; no sé qué tal habrá salido. ¿Gustaron las dos que escribí sobre mi viaje a Francia y Bélgica? Las escribí con gusto y de buen humor en alegre estilo: Si les gusta a las mujeres, óptimo; si a los hombres no, me da un bledo. Digan las mujeres sí y revienten los hombres en un no de pecho.

De Mariano Varela no sabemos ni palabra, así como de Juan Cruz, que no sabemos dónde anda; lo paso muy bien en Londres, aunque bastante pobre y no me suelen faltar ni buen humor, mujeres y amigos; deseando estoy recibir los pesos de la testamentaría para ir a hacer un paseo a Italia y Suiza. Arreglen eso pronto, mi madre.

Adiós, mi vieja. Dale recuerdos a Justa y Lola, un abrazo a tatita y tú recibe mil de tu hijo.

Miguel Cané

No te olvides de conservarme las «Tribunas» y «Nacional» donde algo mío hay ...; pedir o Ángel Casares, a quien [...]

Londres, noviembre 28 de 1870. Mi adorada madre:

¡Recién en esta fecha recibo tu carta fecha 8 de octubre! El vapor que la traía se descompuso y echó dos meses.
Triste estoy porque afligida estás.

He pedido dinero a Dimet porque creía que podría arreglar algo de la testamentaría. ¿No se puede? Paciencia y no hay nada de lo dicho; pero no te aflijas, caramba, que no hay motivo. Yo contento, contentísimo. El Manco cada día más bueno conmigo, así como Pepa.

Si por algo tengo deseos de volver, es por trabajar, estudiar y a más, arreglar cuentas con Mariano, que parece anda embromante. ¡Ya veremos!

No sé si te llegará esta carta, pues no va por línea segura. Ya te escribiré largo. Como te digo en otra, hace dos paquetes o tres paquetes no tengo carta tuya. Espero mañana por el francés.

No se me aflija que nada me falta, eso es lo único que quiero. Si te falta algún dinero, pide a Pancho Wright, que más tarde pagaremos.

Un abrazo a los que me quieren.

Te adora sobre todo en el mundo tu hijo

Miguel Cané

Glasgow, noviembre 28 de 1870. Mi querida vieja:

Hace dos paquetes no he recibido carta tuya; sin embargo tengo la entera convicción de que me has escrito, dirigiendo erróneamente tus cartas a París o Bruselas, cuando te he dicho ya que lo hagas siempre a lo de Getting. Tengo la confianza de que estás buena, pues en las cartas del Manco no dicen que suceda nada particular en la familia. Espero pasado mañana tener cartas directas; será un consuelo, pues solo dos amigos me han escrito hace dos meses.

Estoy en Glasgow, ciudad escocesa al norte de Inglaterra, donde he venido a pasar una semana para ver la prueba del buque de Méndez y descansar un poco de la vida agitada de Londres. Hace un mes debía irme a Italia, pero no he podido hacerlo, pues Dimet ni tan solo me ha contestado a lo que le había pedido. El Manco, que cada día es más bueno y caballero conmigo así como la excelente Pepa, ha resuelto pasar el invierno en Londres, pues teme para las criaturas las nieves del norte de Francia y Bélgica en su travesía para Italia. Si no me viene el dinero necesario, el que creo tengo derecho de esperar, me volveré a Buenos Aires sin ver la Italia, ni la España, Suiza, Alemania, Austria, etc. ¡En fin!

Si me viene, haré mi viaje de vuelta, inmediatamente concluya mi paseo por Europa, pues tengo mucha gana ya de dar un abrazo a mi madre y ver toda la gente de la patria. En Londres lo paso muy bien: diversiones, amigos, grandezas, etc.; pero creo que ni en la gloria podré estar quieto; me agita un deseo de viajar, de moverme, inextinguible y si Dios me da vida y dinero, creo que conoceré hasta la China.

¿Y cómo te va? Pienso en ti a cada momento, haciendo las más raras conjeturas, desde que no sé nada de cierto. Mi tía Justa escribe al Manco, le da recuerdos para mí y me dice que no sabe nada de ti, porque hace mucho tiempo no vas a verla. De Dimet ni una palabra. Le he escrito doce cartas y él, en siete meses, me ha escrito una. Si así vamos, no tengo carácter muy sufrido que digamos y es probable que lo eche al... vamos, que eso no ha de suceder; al menos así lo espero. Pero sea como sea, estoy desengañado de cariños y afecciones que siguen el refrán ojos que no ven, etc.

Al fin y al cabo, no necesito de nadie ni mendigo cariño: al carajo. Te hablo así, porque eres mi mejor amigo en el mundo y creo que te debo confiar lo que siento y pienso, sin amargura ahora, te lo garanto, pues me he hecho filósofo y por mi desgracia un poco egoísta, hasta el punto de dárseme un bledo si mañana me vienen a decir que medio mundo se ha muerto. ¡Que se, etc.!

Juan Cruz está en Bruselas pronto a partir a Italia, donde encontrará a Mariano pasando el invierno en Nápoles. Maldito invierno: Tú sabes que el frío me mata: Qué será aquí, donde cae más nieve que maldiciones echo yo a la tal estación. Ustedes estarán ahora en el dulce verano. Les envidio la dicha.

¿Se fundió ya Dimet con el «Nacional»? ¿No? Me alegro. Pero creo no andará lejos. ¿Qué quieres?, ésa es mi opinión.

No dejes de guardarme todas las Tribunas y Nacionales donde haya cartas mías. Si se te pierden manda pedir.

Recuerdos a Lola y demás familia.

Recibe un abrazo de tu hijo que te ama sobre todo en el mundo.

Miguel Cané

El buque de Méndez dio fiasco. Silencio absoluto ¿eh?

París, agosto 1° de 1874. Mi buena y querida madre:

Tus cartas, si no han dormido un dulce sueño en el bolsillo de Eduardo, deben haberse extraviado. Hace cincuenta días que salí de Buenos Aires y no he tenido ninguna.

Tal vez caigan de golpe, pero me hubiera sido más agradable haberlas recibido una a una.

Sigo bien y con buenas esperanzas de sanar. Teniendo mucho que escribir hoy, perdona si te mando un abrazo del fondo de mi alma y me despido hasta pronto.

Tu hijo que te adora.

Miguel Cané

París, agosto 4 de 1874. Mi querida vieja:

En este momento recibo tu carta del 21 de junio. ¿Conque no se te había ocurrido escribirme antes, vieja querida?

Sé que has estado con Sara; ella me lo ha dicho en una carta del 26.

Estoy muy bien: mañana salgo para Vichy. Las cartas mándamelas directamente a mí, sin otra dirección que ésta:

Sr. Miguel Cané

5 - Rue Berlín/París.

Un abrazo a Justa y muchachos.

Tu hijo que te adora

Miguel

París, agosto 31 de 1874. Mi adorada madre:

Acabo de recibir tu carta del 20 de julio. Me ha entristecido lo que me dices respecto al estado pecuniario de Eduardo; pero puedo tranquilizarte sobre un punto que comprendo te tendrá algo inquieta. A más de tener a Vicente a mi lado, aunque no en este momento, pues está en Norteamérica, uno o dos amigos de Buenos Aires, a quienes siempre estaré grato, me han enviado, sin pedírselos yo, Créditos ilimitados contra casas de París, de manera que solo tengo que abrir la mano para procurarme todo el dinero que necesite. Te digo esto, no solo para que estés tranquila por mí, sino para que tengas al mismo tiempo la íntima convicción que no haré en manera alguna giro de ninguna especie contra Eduardo.

Solamente, deseo y lo deseo ardientemente, porque en ese sentido tengo un compromiso que quisiera a toda costa cumplir, deseo, repito, que se venda cuanto antes la casa y que de los primeros fondos, Eduardo le entregue a Emilio Casares la cantidad que le he indicado. La misma caballerosidad de Vicente para conmigo, el íntimo vínculo de amistad que nos liga, me hace repugnar serle gravoso por más tiempo.

Te escribo de París, donde hace tres o cuatro días que estoy de vuelta de tomar las aguas de Vichy, que por ser demasiado fuertes, no han convenido a mi organismo, teniendo que suspender por consiguiente mi régimen curativo. Dentro de una semana a más tardar, saldré para algún otro punto que me aconsejen los médicos. Mi única ocupación en Europa es curarme y me he entregado a esa tarea en cuerpo y alma.

Ya que estoy aquí, no me iré hasta que me cure, a costa de cualquier sacrificio, aunque me quede sin un peso y contraiga deudas con algunos amigos, lo que no me importa, porque sé trabajar y con buena salud lo sabré doblemente.

Todos mis placeres aquí son los teatros y museos, apartándome de las mujeres cuidadosamente. Hago la vida de un José y tengo la idea que si se me presentara la mujer de Putifar en el traje tradicional; dejaría mi capa entre sus manos.

Tengo un deseo loco de ver a las muchachitas de Justa. Necesito que me mandes sus retratos. El de Cato sin sombrero, parado y con pantalones o calzoncitos: rechazo *intotum* el traje mujeril que a su fisonomía dantesca pega como un orzuelo en los ojos de María Varela. A Héctor lo vi un momento a mi llegada a París: antes de saludarme me dijo que se había afeitado para que no lo conociera la policía francesa. ¡Hombre perdido por completo!

Escríbeme a menudo; pero quiero que tus cartas revelen la tranquilidad de tu alma. No tienes motivo para estar en esa inquietud que te destruye. Yo voy mejor de día en día, nada me falta ni me faltará. ¿A qué pues afligirte constantemente?

Vamos, tranquilidad, que es lo único necesario para pasar la vida de una manera serena, ya que a tu edad y con tus sufrimientos, la felicidad es una mentira en que solo deben [creer] los pobres de espíritu. A mi querida Justa mil y mil besos: que sus patitas de moscas son brillantitos mal tallados, pero muy finos y que detrás de sus adorables faltas de ortografía hay siempre una idea espiritual y un sentimiento lleno de dulzura.

Adiós, mi buena y adorada madre. Vive tranquila, si quieres que tu hijo viva contento y continúe queriéndote con toda su alma.

Miguel

Divonne - 7 septiembre 15 de 1874. Mi queridísima madre:

Te escribo desde un pequeño pueblito de Francia, situado al pie de las montañas del Jura y a una media hora del lago de Ginebra. Salí de Vichy algo mal, porque las aguas no me sentaron: eran demasiado fuertes para mí. Además, sea por la variación del clima u otra causa, me había tomado una tenaz fiebre intermitente. Llegué a París, donde Ricardo me asistió cariñosamente. De allí partí para Suiza y no encontrándome bien en Ginebra, me vine a esta pequeña aldeíta, donde hay un gran establecimiento para el tratamiento por el agua fría.

Cuando hace cuatro días llegué aquí no tenía apetito, no dormía y estaba sumamente débil. Hoy, parece milagro, como muy bien, duermo mejor, bailo, hago mucha gimnasia, camino enormemente y mañana y tarde me envuelven en paños fríos, para darme en seguida fuertísimas friegas por todo el cuerpo.

Empiezo a sentirme otro hombre; empiezo a recuperar positivamente mi salud; y este tratamiento tiene de bueno, que podré continuarlo una vez en Buenos Aires.

Mi salita tiene dos ventanas; una da sobre un parquecito lleno de árboles y flores y al pie de la otra corre un arroyo de aguas tan claras y cristalinas que se ven las piedritas de todos colores que esmaltan el fondo.

La salud es un don divino, mi madre querida y ahora que empiezo a recobrarla, todo parece sonreír a mi alrededor. Mi cuarto me parece delicioso y las diez o doce casitas que componen por todo la aldea tienen más encanto para mí que París con todas sus grandezas.

A más y cosa curiosa para mí, en este punto en que no hay distracciones ni paseos, encuentro una calma de espíritu desconocida, una quietud moral, solo turbada por el recuerdo de ustedes. Mi buena y querida Sara me escribe con frecuencia, sé que los amigos están buenos, de manera que sin pensar en el porvenir, tomo el presente como es y lo encuentro bueno.

Dentro de un mes me reuniré con Ramos Mejía y Pirovano en Ginebra, haremos algunas excursiones a las montañas suizas y luego volveremos a París, de donde saldré para Buenos Aires apenas me sienta radicalmente curado. Concluiré mi carrera y apenas haya cómo me casaré, para no separarme más de mi vieja madre que me extraña y cuya felicidad [...]

Ya ves que estoy tranquilo y contento; que por ahora mis ideas son color de rosa, lo que tú sabes me ha sucedido bien pocas veces en mi vida. Si tú lo estás también, si Justa es feliz y sus hijitos están sanitos, me veré en el caso de bendecir a Dios, lo que también he tenido pocas ocasiones de hacer, porque mi vida no ha corrido entre las dulzuras del mundo.

Si mis cálculos no me engañan, Justa debe tener otro muchacho, porque es varón.

¡Dios se lo guarde!

Que Ana y Cato no me olviden.

Da mis recuerdos a Eduardo, besos a Justa y tú toda mi alma.

Miguel Cané

Florencia, octubre 11 de 1874. Mi muy querida madre:

Hace tres días recibí en Venecia la carta en que me comunicabas el estado de Justa. Tú sabes la idolatría que tengo por mi hermana querida, tú conoces que en las pocas expansiones cariñosas de mi carácter, Justa ha ejercido toda la vida cierta influencia sobre mí que me ha dulcificado mi modo de ser.

Las noticias fatales de Buenos Aires, la revolución, todo desapareció para mí; la sola idea de que Justa había corrido peligro de muerte me trastornó. En mi nombre y de lo íntimo de mi corazón agradece a Herrera su cuidado y a todos los que se han interesado por Justa. El matrimonio no rompe el vínculo de la sangre; Justa es mi hermana y lo será siempre; como tal, es algo que me pertenece.

Y a propósito, estoy un poco ofendido con ella. ¡Pensar un solo momento que yo, Miguel Cané, su hermano, pueda jamás decir una palabra a nadie, y menos a su marido, sobre una miserable cuestión de dinero! ¡Puah!

¡Qué me importa a mí! Estoy seguro que Eduardo habrá entregado a Emilio Casares la cantidad que le dije: se lo he recomendado eficazmente y no dudo lo habrá hecho. Por lo demás ¡bah! En cuanto a tus encargos, está tranquila: iré hasta donde me den las fuerzas. Tú sabes que uno de mis mayores placeres es regalar. Si fuera rico, me llevaría media Europa.

Con el suficiente dinero en el bolsillo, con mi pasaporte, la salud buena, el ánimo tranquilo, estaba a punto de embarcarme para Grecia, Cairo y Constantinopla, cuando al subir a un tren, compré un diario y leí el primer telegrama relativo a la revolución. Inmediatamente que llegué a Milán me fui al primer diario, hablé con el redactor y desmentí la noticia. Al otro día vino fatalmente la confirmación. He abandonado mi viaje por completo y quién sabe cuándo realizaré ese sueño de mi vida que tan cerca ha estado de la realidad.

Dentro de dos o tres días me vuelvo a París, donde esperaré el regreso de Vicente que está en Estados Unidos, lo abrazaré y en seguida me embarcaré para Buenos Aires, no a tomar parte en revueltas y revoluciones sino a vivir tranquilo y todo lo egoístamente feliz que pueda.

Esa revolución es una infamia, mi madre, es un crimen atroz contra la patria, contra la civilización y contra Dios.

Pirovano me dice que las oftalmias purulentas suelen ser rebeldes, pero siempre curables, si se tiene paciencia y cuidado. A esta hora ya estará sana la chiquita, que Dios conserve.

Dime, porque lo has olvidado, si de lo de Beláustegui han mandada recado durante la enfermedad de Justa.

Dale un fuerte abrazo a mi hermana querida, a Eduardo, a mi hermana Lola y tú recibe mil de tu hijo que te idolatra.

Miguel Cané

Hagan que Cato no me olvide.

Londres, diciembre 8 de 1874. Querida madre de mi alma:

Por supuesto que al recibo de ésta se habrán pasado ya aquellas nubecillas respecto a que «quisiera ser millonaria» o «si yo pudiera» o «mi hijito, no sabes cuánto he sufrido», ¿no es verdad? así debe ser y así quiero que sea.

Rufino teme por los chiquitos hacer la travesía a Italia, así es que dentro de breves días parto yo solo, a unirme con Mariano y Juan Cruz que andan por allá.

Aquí en Londres hace un frío endemoniado; yo vivo acurrucado en la estufa. No hay nada más agradable que una estufa; no sé por qué, me regocija el espíritu cuando veo un gran fuego bien encendido; parece que las llamas me calentaran el alma.

¿Conque Justa tiene miedo de no tener hijos? Vamos, que lo que es ella no tiene tipo de machorra, ni el marido de machorro. Ya vendrán. Hay oradores a quienes se les viene tal cantidad de ideas y palabras a las mentes, que no saben por dónde empezar. Así les sucede a ellos; ¡cuando empiecen, ni las conejas!

No escribo correspondencias porque pienso hacerlo de Italia.

Dámele un fuerte abrazo a Lola y otro a mi tía Justa.

A Justa mi hermana media docena y tú un beso de lo íntimo del alma de tu hijo que te adora sin límites y de quien eres el Dios en la tierra.

Miguel Cané

Cartas a lo de Getting siempre con sobre directo para mí.

A su madre y hermana
Río de Janeiro, junio 15 de 1874.

Mis queridas madre y hermana:

Les escribo a la carrera desde Río de Janeiro. Voy sano y todo lo contento que puede ir un hombre que deja tras de sí los tres más grandes cariños de su vida: tres mujeres.

¡Ya no es el alegre muchacho que cae extático ante el esplendor de la naturaleza tropical y busca ansioso un papel donde derramar el entusiasmo de su alma!

No, hoy es un hombre cuyo corazón se va cerrando como esos insectos que cuando los hieren, se envuelven en una capa invulnerable.

Pero donde falta el ardor, la chispa de otro tiempo, está la voluntad más firme y fuerte que una roca.

Adiós, mis buenas y queridas madre y hermana.

Escríbanme a París, Rue de Berlín N° 5.

Un abrazo a Eduardo y a los chiquitos.

Las quiere

Miguel Cané

Dame el número de la casa de Eduardo.

Lisboa, julio 2 de 1874. Mis queridas madre y hermana:

Hemos llegado sin accidente de ningún género a Lisboa de donde partiremos hoy mismo para Burdeos.

Sin nada nuevo que decirles y con la fatiga natural del viaje, no extrañen sea tan lacónico.

Desde París les escribiré más largo.

Recuerdos a todos, un abrazo a Eduardo, a quien pronto escribiré, un beso a los chiquilines y ustedes la mitad de mi alma.

Miguel Cané

Burdeos, julio 8 de 1874. Mis queridas madre y hermana:

Hoy salimos de una cuarentena de tres días, después de un viaje felicísimo; pasado mañana estaremos en París, donde inmediatamente me pondré en cura.

Los muchachos cada día más atentos y cariñosos conmigo.

El viaje me ha sentado de una manera pasmosa: soy otro hombre. Desde que me embarqué me he acordado de los buenos tiempos en que ignoraba si tenía vejiga —no la he sentido—. Estoy fuerte y sano. En este estado, espero curarme pronto.

Escríbeme largo y claro.

Que Justa no lea esto: mándame las dimensiones de mi pequeño y querido Eduardo (hijo) porque quiero mandarle algunas chucherías.

Para Anita no sé qué mandarle, indíquenmelo ustedes y a Justa que no sea tonta, que me pida lo que quiera, que aquí las cosas no valen nada y que en la vida tranquila que voy a hacer los gastos son muy reducidos y quiero por lo menos darme el placer de mandar algunas tonteras a la hermana más querida que jamás lo fue de hermano alguno.

A Eduardo que confío en él; me entenderá. Le escribiré de París.

Hasta pronto.

Las adora

Miguel Cané

Agosto 16 de 1874. Mis queridas madre y hermana

Les escribo de Vichy donde por consejo de los médicos he venido a pasar una temporada de un mes.
La verdad es que no debía escribirles. ¡Cómo! ¿Una sola carta en dos meses que hace salí de Buenos Aires?

No me lo explico. De Sara tengo cada ocho días invariablemente, y creo que ya he recibido 7 u 8. ¿Cómo se explica que la querida dé lecciones a la madre?

Los primeros días aquí en Vichy, no me he sentido muy bien a la verdad; el efecto de las aguas minerales así como los restos de una ligera fiebre que tuve en París, me doblaron un poco; pero hoy estoy muy bien y aunque este punto carece en general de atractivo, pienso quedarme un mes con la esperanza de curarme radicalmente, y para siempre.

Manuelito debe haber llegado ya; lleva un buen proyecto y es necesario que Eduardo lo ayude entre sus relaciones.

Aún no puedo fijar la época de mi vuelta, porque no me es dado determinar la de mi cura y lo que es enfermo, no pienso volver.

Están ustedes soberanamente fastidiosas con su silencio. Parece que al través de la madre y la hermana recuperara su imperio el instinto de mujer y encontraran placer en mortificar a un hombre.

Escriban; háblenme de Anita, de Cato y del nuevo vástago.

Díganme si mi ahijado habla; qué dice; a qué carrera se muestra inclinado; qué ideas políticas tiene y cómo enrostra la difícil cuestión del habeas corpus. Si es amante de las rubias o gime por las morenas, su estado moral, en una palabra.

Quisiera saber quiénes se casan y quienes permanecen solteras. Todas las pavadas de la tierra, en fin.

Pero, qué diablo, escriban.
Las quiero
Miguel Cané

Recién hoy he recibido una carta tuya del 28 de junio. Mándamelas directamente a mi nombre. 5, Rue Berlín-París.

París, agosto 1° de 1874. Mi queridísima hermana:

Hablando con Pirovano, que a mi juicio es y será un gran médico, sobre el método seguido por Herrera con Anita, no ha encontrado palabras con qué alabarlo. Dice que esa untura fortifica el hueso, que es lo necesario.

Buena esperanza, mi querida hermana, que Dios no abandona a las que como tú, nunca han tenido un mal pensamiento en el espíritu ni un sentimiento mezquino en el corazón.

Roba para ti unos besos de los que mando a mis queridos angelitos.

Miguel

A Dimet, su cuñado

Bruselas, septiembre 6 de 1870.

Amigo y hermano:

Has de saber que soy un tonto que no he podido aún curarme de un defecto radical, que es uno de los tropiezos que encuentra uno para llegar a la cúspide de la felicidad humana: es el de ser constante en mis afectos y preocuparme cuando veo desvanecerse un cariño, que yo creía sincero y eterno hacia mí. ¿Qué estupidez, eh? Pero gracias a Dios me voy curando de esa maldita manía, porque al fin y al cabo es una gran verdad aquello de que a fuerza de golpes se aprende a vivir. Hazme el servicio de hacer decir una misa para mi curación radical, a una santa o santo, que hay abogado de los imposibles. ¡Es cómodo, por cierto, dicho santo!

Mi vida, querido, en estos últimos momentos, ha sido un movimiento continuo y un gozar sin intermitencia. Diez días en París, entre buenas hembras, muchas cenas, teatros, etc., mi viaje a Bruselas, que aunque es ciudad aburrida, no lo paso del todo mal, la perspectiva de un viajecito a Spa, ciudad de baños, donde me voy mañana, mi visita al campo de batalla de Waterloo, infinidad de emociones nuevas y desconocidas, aprendiendo mucho, pérdida de mi cartera con bastantes pesos dentro, todo esto constituyendo una vida nueva para mí, ha hecho que los quince días pasados se queden grabados en mi memoria y corazón.

Una sola nube oscurece por ahora el horizonte de mi porvenir; hablando con franqueza, entre los dos, te diré que he gastado mucho y que los pesos se me van acabando ya. No es de mi carácter el pedir a nadie y no quisiera ser más gravoso a Rufino. Estoy pues, pobre. La posición es normal para mí y no me toma de nuevo: pero aquí en Europa, en el centro de los placeres, a los veinte años, me será muy duro no tener dinero. Es por eso que he dado el paso de pedirte liquides todo o parte de lo que tengo en la testamentaría o lo hipoteques y me mandes dos o tres mil patacones que creo que tengo.

Si Mariano pone impedimentos, muéstrale esta carta mía: no le doy derecho de ningún género sobre mí y exijo lo que es mío. Ya basta de joderse por otros. Si no fuera por mi madre, a quien adoro en el mundo sobre todas las cosas, otro camino más corto tomaría: pero confío en ti y espero que de aquí a dos meses tendré pesos y respuesta. Es un gran servicio que te lo agradeceré mientras viva. Hazlo, yo me desconozco en ese lenguaje: pero necesito y abur.

Espero que tu mujer seguirá bien y que hayas encontrado en ella una dulce compañera de tu vida, lo que es tan difícil que ni el inútil trabajo de buscarla me tomaré. Mucho oro y una brava punta de diamante; he ahí lo que constituye la felicidad en la tierra.

¡Dámele un beso a mi ingrata hermana, que así me ha olvidado, como su marido, recuerdos a tu familia, un abrazo para ti de tu hermano que te quiere y cuídame a mi madre!

Miguel Cané

Londres, septiembre 28 de 1870. Querido hermano:

Mando por este paquete dos largas correspondencias a «La Tribuna» sobre mi viaje al continente, en las que he seguido tu consejo de mezclar a las cosas de por acá, pinceladas y recuerdos de mi patria.

Creo que no han salido tan malas que digamos; pero ¡a qué sirve eso, cuando los cajistas me hacen decir cada disparate que canta el credo! Figúrate que hablando de la Patti, había escrito, refiriéndome a su rol en la «Sonámbula»: la dulce Amina. ¿Sabes lo que me pusieron? La dulce ánima (!) ¡En vez de by, me ponen bay!

Ayer he empezado una carta dirigida a ti para el «Nacional» sobre generalidades europeas. No te la he podido enviar por este paquete, porque los dos chorizos para la «Tribuna» me han destroncado materialmente. Espero que cumplirás tu promesa de escribirme por todos los paquetes; como lo hago yo. Dime dónde quieres que te dirija las cartas, pues creo que vía «Tribuna» no es muy seguro.

Creo que cuando recibas ésta, los pesos que te he pedido me mandes vendrán en viaje ya, pues me encuentro más pobre que nunca. El viaje a París y Bruselas salió caro, hermano, pero ha dejado un dulce recuerdo en el cuerpo y en el espíritu. A tu mujer no le escribo hasta que no vuelva ella a hacerlo conmigo. Dentro de quince días dejaremos esta aburrida Inglaterra y probablemente iremos a pasar el invierno a Italia o España. Un mes más en Londres y solo mi cadáver volvería a Buenos Aires.

Cuídame mucho a mi madre, da recuerdos a tu familia y recibe un fuerte abrazo de tu hermano.

Miguel Cané

Libros a la carta

A la carta es un servicio especializado para
- empresas,
- librerías,
- bibliotecas,
- editoriales
- y centros de enseñanza;

y permite confeccionar libros que, por su formato y concepción, sirven a los propósitos más específicos de estas instituciones.

Las empresas nos encargan ediciones personalizadas para marketing editorial o para regalos institucionales. Y los interesados solicitan, a título personal, ediciones antiguas, o no disponibles en el mercado; y las acompañan con notas y comentarios críticos.

Las ediciones tienen como apoyo un libro de estilo con todo tipo de referencias sobre los criterios de tratamiento tipográfico aplicados a nuestros libros que puede ser consultado en Linkgua-ediciones.com.

Linkgua edita por encargo diferentes versiones de una misma obra con distintos tratamientos ortotipográficos (actualizaciones de carácter divulgativo de un clásico, o versiones estrictamente fieles a la edición original de referencia).

Este servicio de ediciones a la carta le permitirá, si usted se dedica a la enseñanza, tener una forma de hacer pública su interpretación de un texto y, sobre una versión digitalizada «base», usted podrá introducir interpretaciones del texto fuente. Es un tópico que los profesores denuncien en clase los desmanes de una edición, o vayan comentando errores de interpretación de un texto y esta es una solución útil a esa necesidad del mundo académico.

Asimismo publicamos de manera sistemática, en un mismo catálogo, tesis doctorales y actas de congresos académicos, que son distribuidas a través de nuestra Web.

El servicio de «libros a la carta» funciona de dos formas.

1. Tenemos un fondo de libros digitalizados que usted puede personalizar en tiradas de al menos cinco ejemplares. Estas personalizaciones pueden ser de todo tipo: añadir notas de clase para uso de un grupo de estudiantes, introducir logos corporativos para uso con fines de marketing empresarial, etc. etc.

2. Buscamos libros descatalogados de otras editoriales y los reeditamos en tiradas cortas a petición de un cliente.

Printed in Poland
by Amazon Fulfillment
Poland Sp. z o.o., Wrocław
18 June 2026

ffa3e0eb-cec5-42ed-aaa9-257b9249d0bcR01